열려라
질문

공부 힘을 키우는 질문의 기술

열려라 질문

곽한영 지음

창비

안녕하세요, 저는 큐큐 선생님이라고 해요. 우리는 묻고 답하는 걸 '큐 앤드 에이'(Q&A; Question and Answer)라 하지요. 그런데 저는 묻고 또 묻고, 꼬리에 꼬리를 물며 생각을 계속 이어 가서 '퀘스천 앤드 퀘스천'의 큐큐 선생님이라 불리게 되었답니다. 여러분은 질문을 좋아하시나요? 앗, 질문은 너무 어렵다고요? 마침 여러분과 비슷한 고민을 안고 있는 친구들이 있어요. 다영이, 윤지, 영훈이, 준상이를 소개할게요.

내 이름은 서다영.

도대체 '질문'을
왜 해야 하는지 모르겠어!
이미 다 아는 내용이어도
질문해야 하는 거야?

내 이름은 정윤지.

공부를 잘한다고 칭찬도 많이 들었지만
사실 수업 시간에 질문하는 게 두려워서
아는 척하는 경우도 많아.
어떻게 하면 두려움 없이
질문할 수 있을까……

내 이름은 성영훈.
난 내성적이라
다른 사람과 대화하는 것이 부담스러워.
그래서 가끔 궁금한 것이 있어도
자신 있게 질문을 못하겠어.
질문에도 뭔가 요령이 있는 걸까?

내 이름은 유준상!
나는 야구와 축구가 정말 좋아.
하지만 공부는 너무 힘들어.
질문을 많이 해야 공부를 잘한다는데
애초에 뭘 질문해야 할지도 모르겠는걸.
공부는 나에게 무리일까?

질문이 왜 필요한지 궁금한 다영이, 질문이 두려운 윤지, 질문하는 방법이 궁금한 영훈이, 무엇을 질문해야 할지 모르겠는 준상이까지……. 여러분도 친구들의 고민에 고개가 끄덕여지시나요? 저는 이 책에서 네 명의 아이들과 이야기를 나누어 보려고 해요. 질문이 왜 필요한지부터 질문하는 구체적인 방법까지 속 시원한 고민 상담 시간을 가져 볼게요. 여러분도 이 네 친구들과 함께 '질문하는 법'을 배워 보지 않을래요?

차례

1장
왜 질문해야 할까?

교무실에서

잘 모르겠어요······.

열심히 선생님 말씀 듣고 필기도 꼼꼼하게 하고 있거든요.

제 나름대로 노력했는데 성적이 잘 안 나오니까 답답해요.

맞아. 선생님 생각에도 다영이는 참 모범생이지.

그런데 수업을 하면서 선생님이 다영이에게 좀 아쉬웠던 점이 하나 있었어.

그게 뭔데요?

1장 왜 질문해야 할까?   15

다영이가 속이 많이 상했나 봅니다. 중학생이 된 후 자기 나름대로 열심히 수업을 들었거든요. 그래서 오늘 담임 선생님과 상담할 때도 칭찬만 들을 줄 알았던 거예요. 다영이는 이렇게 생각했어요. '수업 시간에 열심히 선생님 말씀 듣고 필기하고, 그러면 되는 거 아닌가요? 질문이 반드시 필요한 이유를 모르겠어요. 별로 묻고 싶은 게 없는데도 억지로 질문해야 하나요?'

다영이는 선생님 말씀을 듣고 혼란스러워하고 있어요. 다영이의 말대로 궁금한 게 없는데 억지로 질문할 수 없긴 합니다. 그런데 우리 조금만 더 깊이 생각해 볼까요. 다영이는 왜 수업을 들으면서 묻고 싶은 것이 없었을까요?

 이해가 안 되는 게 하나도 없었기 때문에?

네, 그럴 수도 있어요. 하지만 그 가능성은 생각보다 그리 크지 않을 것 같습니다. '배운다'는 건 조금 전까지만 해도 '몰랐던 것'을 알게 된다는 거잖아요. 그런데 40분이 넘는 시간 동안 연달아 배운 새로운 것들을 모두 이해하게 되었다는 건 좀 이상하지 않나요?

더 자세하게 설명해 볼게요. 사람은 누구나 이미 세상에 대한 지식을 어느 정도 가지고 있습니다. 그리고 이 지식을 바탕으로 만든 인식의 틀, 각자만의 거대한 '생각의 집'을 가지고 있지요. 그래서 시계를 보면 곧장 시간을 알 수 있다든가, 등하굣길에 혼자서 길을 찾아간다든가, 어른을 보면 인사를 해야 한다든가 하는 판단을 자동적으로 할 수 있는 거예요.

배운다는 건 이 생각의 집에 이제까지 없었던 새로운 벽돌을 끼워 넣는 일이에요. 이미 나름의 방식으로 완성되어 있는 집에 새 벽돌을 끼워 넣으려고 시도한다면 어떤 일이 벌어질 것 같나요? 우선 집을 부수거나 조금씩 바꿔서 다시 조립해야 하지 않을까요? 반드시 필요한 과정입니다. 만약 기존에 지어 둔 집의 지붕 위에 벽돌을 대충 얹어 둔다거나 문 앞에 던져 놓는다고 생각해 보세요. 집을 더 크고 튼튼하게 만들 수 있을까요? 그건 벽돌을 가져다 놓은 것일 뿐이지, 집을 '지었다'고 할 수는 없을 거예요.

 하지만…… 벽돌 몇 개를 끼워 넣자고 이미 잘 지어 놓은 집을 매번 무너뜨리는 것도 어려운 일이잖아요.

맞아요. 그래서 사람들은 새로운 것을 배우는 행위를 귀찮고 부담스럽다고 느끼게 마련이에요. 방금 말한 것처럼 생각의 집, 심리학적인 용어로 '인지 구조'를 매번 무너뜨리고 재구성해야 하니까요. 이 재구성을 꺼려 하는 마음을 어려운 말로 '인지 부담'이라고 해요.

 인지 부담! 그럼 다영이도 인지 부담을 느낀 걸까요?

그걸 알기 위해 조금 더 깊이 들어가 볼까요? 만약 다영이가 힘들게 집을 다 지어 놓고 쉬려고 하는데 새로운 벽돌들이 배달되어 왔다고 생각해 봐요. 다영이가 어떻게 반응할 것 같나요? 이 벽돌들은 지금 당장 필요하지 않으니까 그냥 방에 넣어 두자거나 나중에 처리하자는 식으로 미뤄 둘 수도 있어요.

새로운 지식을 대하는 사람들의 반응도 대체로 그렇습니다. 단순히 외우면 된다고 생각하거나 이미 알고 있는 지식과 별로 다르지 않겠거니 하고 넘기고 싶은 거죠. 이런 일들이 반복되면 아무리 많은 지식을 배우더라도 결국 '내가 모른다는 사실을 모르는 것'으로 마무리될 가능성이 큽니다.

 내가 모른다는 사실을 모른다고요?

그게 오히려 당연한 일일 수도 있어요. 가령 다영이는 달과 지구까지의 거리가 얼마나 되는지 알고 있을까요?

 으, 제 얘기라 가만히 있으려고 했는데 이렇게 물어보시면 직접 끼어들 수밖에 없겠네요. 아뇨! 당연히 모르죠. 전 중학생인데 중학생이 그런 걸 어떻게 알아요. 아니, 전문가가 아니라면 아무도 모르지 않을까요?

그래요, 당연히 모르죠. 그런데 지금 다영이는 자신이 달과 지구까지의 거리를 모른다는 사실을 어떻게 알게 되었을까요? 그 질문을 받으면서 알게 된 거잖아요. 새로운 지식은 내가 모르는 지식이고, 따라서 내가 그걸 모른다는 사실조차 모르고 있을 가능성이 높아요.

"질문을 하지 않으면
모른다는 사실을
모를 수도 있어요."

 아, 그러니까 다영이가 수업 시간에 질문을 하지 않은 이유는 수업 내용 중에 모르는 사실이 있다는 것조차 깨닫지 못했기 때문이라는 거죠?

음, 이렇게 얘기해 볼까요. 염두에 두어야 할 것은 다영이가 지금 성장하면서 많은 것을 배우고 있는 청소년이라는 사실이에요. 그

때문에 수업 시간에 접하는 내용을 대부분 모르고 있다고 가정하는 게 맞을 거예요. 그런데 마치 다 아는 것처럼 느껴진다면 무언가 잘못된 게 아닐까요?

즉 새로운 지식을 배우는 과정에서는 내가 뭔가를 놓치고 있는 게 아닐까 의심하면서 의식적으로 질문하려고 노력해야 해요. 마치 아무것도 없어 보이는 뒷동산을 파헤쳐서 청동기 유적을 찾는 고고학자처럼, '일부러' 질문하려고 노력해 보는 거죠. 그를 통해 내가 모르고 있는 게 뭔지, 그걸 내가 가지고 있는 생각의 집에 결합시키려면 어떻게 해야 하는지 알게 될 거예요. 담임 선생님은 다영이가 엄청난 유적이 파묻혀 있는 뒷동산을 '뭐, 아무것도 없네.' 하면서 스쳐 지나가는 모습이 안타까워서 질문을 꼭 해야 한다고 당부하신 게 아닐까 싶어요.

 큐큐 선생님 말씀을 듣고 보니 조금 부끄러워지기도 해요. 사실 학원에서 학교 수업 내용을 미리 배우는 경우가 많으니까 다 안다고 생각했던 적도 있거든요.

그렇게 미리 배우는 것을 선행 학습이라고 하죠. 수업을 듣기 전에 내용을 한 번 살펴보는 예습은 긍정적인 의미로 받아들여지지만, 선행 학습은 좋지 않다고 말하는 전문가들이 많아요. 미리 공부하고 수업 시간에 또 배우면 더 좋지 않으냐고 생각할 수도 있지만, 선행 학습 때는 '나중에 더 제대로 공부하지 뭐.' 하면서 대충 넘어가고 이후 수업 시간에는 '아, 이거 다 아는 거네.' 하고 집중력이 흐트러지기 쉽거든요. 결국은 시간만 두 배로 들 뿐이지 제대로 배울 기회를 놓치고 마는 거예요. 심지어 모르는 내용을 잘 알고 있다고 착각하기도 하고요.

 그런 문제를 극복하려면 매번 '이건 뭘까, 내가 제대로 아는 걸까, 정말로 이해한 게 맞나.' 하고 생각해 봐야겠네요. 그러기 위해 일부러 질문을 만들어 내도록 노력해야 하고요. 그런 말씀 맞죠?

그래요, 그렇게 '질문하는 과정'이 바로 배움의 가장 중요한 과정이에요. 그래서 큐큐 선생님은 수업이 모두 진행된 뒤 끝나기 직전에야 따로 질문 시간을 가지는 건 그리 효과적인 방법이 아니라고 생각해요. 학생들이 매순간 수업에 집중할 수 있으려면 그때그

때 질문을 떠올리고, 질문과 대답을 주고받는 과정이 수시로 이루어져야 한다고 생각하거든요. 물론 자꾸 질문을 던지면 수업의 흐름이 끊겨서 제대로 진도를 못 나가거나 초점이 흐려질까 봐 우려될 수도 있어요. 하지만 수업을 다 마치고 나서 질문을 하라고 하면 어색해지기도 하고, 심지어 이미 지나가 버린 내용이라서 질문 거리를 까먹는 경우들도 생기잖아요.

 으, 꼬리에 꼬리를 무는 질문을 하는 큐큐 선생님이니까 그런 생각까지 하는 거죠!

 근데 전 동감이 되긴 해요. 수업이 끝나는 분위기인데 질문을 하면 괜히 수업 길어질까 봐 눈치가 보여서 주저하게 되잖아요. 선생님이 수업 시간 중간중간 질문을 받아 줘도 좋을 거 같아요.

선생님 입장에서는 시간을 줘도 질문이 없는 경우가 많아서 답답하실 거예요. 그러다 보니 우선 정해진 시간에 맞춰서 수업을 진행하고 마지막에 혹시나 질문 있나 들어 보시게 되는 거죠. 학생들이 질문을 안 하니까 선생님은 질문 시간을 줄이고, 질문 시간이 줄어드니까 학생들은 궁금한 걸 물어보기가 부담스러워지고……. 안타까운 악순환이죠. 질문 자체가 배움의 가장 중요한 과정이라는 점을 생각하면 앞으로 더 많은 노력이 필요할 것 같아요.

**"질문하는 과정이
바로 가장 중요한
배움의 과정이에요."**

 생각해 보니까 중학교에 와서부터 질문을 안 하게 된 것 같거든요. 선생님이 학생들에게 많은 질문을 하시는 것과는 반대로요. 초등학생 때는 '참새' 하면 '짹짹' 하듯 목청을 높여서 대답했는데 중학교에 와서는 큰 소리로 대답하는 것도 귀찮고 부끄러워졌어요. 그래서 선생님의 질문에도 점점 대답을 안 하게 되었고요.

하하하, '참새 짹짹' 같은 문답이 필요할 때도 있죠. 교육학에서는 질문을 크게 '수렴적 질문'과 '발산적 질문'으로 구분해요. '수렴'은 한쪽으로 모은다는 뜻이니 수렴적 질문을 받은 학생들은

'예', '아니오' 중 한쪽으로 대답하게 됩니다. 보통 정답이 예상되는 질문이죠. 예를 들어 '우리나라는 미국보다 땅이 클까요, 작을까요?' 같은 종류의 질문이에요.

 사실 수렴적 질문은 너무 뻔하게 느껴져요. 당연한 걸 물어보시니까 답을 원하는 질문도 아닌 것 같고요. 그래서 그냥 대답을 안 하게 되더라고요.

뻔한 질문에도 이유는 있어요. 수렴적 질문에는 여러 가지 기능이 있거든요. 일단 수렴적 질문과 대답은 수업을 진행하는 중요한 수단이에요. 사실 수업은 한쪽이 다른 한쪽에게 일방적으로 지식을 전달하는 것이라기보다 선생님과 학생이 함께 만들어 나가는 거잖아요? 지금 우리가 나누는 대화가 말을 주고받는 것이듯, 수업 역시 선생님과 학생들의 대화예요.

그런데 모르는 내용을 배울 때는 질문에 아예 대답하지 못할 가능성이 있잖아요? 그러면 대화가 끊겨 버리겠지요. 그래서 선생님은 학생들이 답할 수 있을 만한 쉬운 질문들로 수업의 내용을 쪼개서, 마치 계단을 한 칸 한 칸 올라가듯이 물어보는 거랍니다. 축구에서 패스를 주고받을 때처럼 티키타카가 이루어지도록 수업에 리듬감과 재미를 부여하는 거예요.

 하지만 어떤 답을 예상하시는지 뻔한 질문에 번번이 대답하긴 싫어요. 괜히 자존심이 상하는 느낌이 들 때도 있고요.

　큐큐 선생님도 그 말에 공감이 가요. 그래서 아직 인지 능력의 발달 과정이 많이 남아 있는 저학년들은 수렴적 질문이 필요하지만, 학년이 높아지면 점차 발산적 질문으로 전환해야 하지요. '발산'은 마치 빛이 사방으로 흩뿌려지는 모습처럼 여러 방향으로 퍼져 나간다는 뜻이에요. 발산적 질문은 학생들이 다양한 방식으로 생각하고 대답할 수 있도록 가능성을 충분히 열어 놓은 질문이지요. '우리나라는 미국보다 땅이 클까요, 작을까요?'가 수렴적 질문이라면 발산적 질문은 '세계에서 가장 큰 나라는 어디일까요?' 혹은 '우리나라보다 땅이 더 큰 나라에는 어떤 곳들이 있을까요?'라는 식이지요.

 그런 질문에는 훨씬 다양하게 대답할 수 있을 것 같아요!

맞아요, 발산적 질문은 창의적으로 폭넓게 생각하도록 도와준다는 장점이 있어요. 하지만 막연하고 어려운 질문에 제대로 반응하지 못하거나, 반대로 다양한 방향의 대답들이 한꺼번에 쏟아진다면 수업이나 대화가 엉뚱한 방향으로 흘러갈 수도 있어요. 그러니까 어떤 질문이 반드시 좋고 나쁘다기보다 상황에 잘 맞추어 다양한 질문의 형식을 활용할 필요가 있는 거지요. 그리고 큐큐 선생님 생각에는, 수업 시간에 선생님이 너무 뻔한 질문을 여러 번 던지실 땐 다른 이유도 있을 것 같아요.

 어, 정말요? 어떤 이유요?

학생의 입장에서는 선생님 한 분으로부터 수업을 받는 것이지만, 선생님 입장에서는 많은 학생들에게 이야기하는 것이니까요. 여러 명의 아이들이 있는 만큼 각자 수업을 이해하는 방식이나 정도가 다르지 않을까요? 선생님은 평균적인 학생에게 눈높이를 맞추려 할 텐데, 그러다 보니 내용을 제대로 이해하고 있는지, 난이도는 괜찮은지 계속해서 물어보고 반응을 살필 수밖에 없죠. 마치 다이얼을 돌려서 라디오의 주파수를 맞추듯이요. 선생님과 학생들 사

이의 주파수를 맞추는 과정이 바로 질문과 대답을 통해 이루어지
게 된답니다.

"질문은 선생님과 학생들이
주파수를 맞추는
대화의 과정이에요."

 아, 그렇다면 어떤 질문이 저한테는 쉽고 뻔하게 느껴져도 다
른 친구에게는 아닐 수 있는 거군요!

맞아요, 대부분의 질문이 다영이에게는 너무 쉽게 느껴졌다면
수업 시간에 선생님 말씀을 이해하려고 열심히 노력해서 그런 게
아닐까요?

 아휴, 하지만 지금까지 질문이 왜 중요한지 몰랐는걸요. 제대
로 알지 못하고 수업을 건성으로 들은 게 아닐까 얼굴이 화끈거
려요. 이제 선생님이 질문하라고 하셨던 이유를 조금 알 것 같
아요.

그렇지요? 질문은 내가 무엇을 알고 무엇을 모르는지 확인하는 일이고, 기존에 내가 알고 있던 내용들과 새로운 것을 결합시키는 배움의 과정이며, 선생님과 함께 대화하면서 수업을 만들어 나가는 계단이기도 해요. 제가 질문을 좋아하는 이유지요! 그래서 수업을 들을 때 질문할 거리가 전혀 생각나지 않는다면 내가 뭔가를 놓치고 있는 게 아닌지 의심하는 태도가 필요해요. 즉, 수업을 들으면서 일부러라도 자꾸 질문을 만들어 내고, 손을 들고 소리 내어 질문하는 습관이 중요하지요. 그게 바로 진정한 배움의 방식이 아닐까 생각해요. 우리 함께 연습해 보면 어때요? 여기까지 대화를 나누며 어떤 질문을 떠올렸나요? 한번 '일부러 질문하기'를 해 볼까요?

 앗, 갑자기! 잠깐만요. 음, 그러니까…… 큐큐 선생님 말처럼 질문이 무언가를 배우는 데 반드시 필요한 과정이며 수단이라면, 꼭 수업 시간에만 필요한 건 아니지 않을까요? 배움은 수업을 통해서만 이루어지지 않으니까요. 예를 들어서 책을 읽거나 영화를 보거나 혹은 낯선 곳에 여행을 갔을 때에도 질문 거리를 찾아낼 수 있지 않을까요?

영훈이가 정말 멋진 질문을 생각해 냈군요! 모든 배움의 순간에 질문 떠올리기, 당연히 가능하지요. 예를 들면 어떤 방식이 가능할까요? 영훈이는 책을 읽을 때 어떻게 읽나요?

 어떻게 읽냐고요? 그냥…… 책장을 넘기면서요.

 모든 사람이 그렇게 읽지 않을까요?

음, 저번에 다영이가 책장을 구경시켜 줬는데 책을 아주 깔끔하게 읽더라고요. 심지어 종이가 구겨지는 자국도 조심할 정도로 책을 아끼는 것 같았어요. 굉장히 멋진 습관이지만, 만약 머릿속으로 계속 질문을 떠올리며 책을 읽는다면 어떻게 할 것 같나요?

 우선 이 책의 어떤 내용이 인상적인지, 어떤 부분이 중요한지 잊지 않고 기억해 두려고 할 테니까 책에 밑줄이나 형광펜을 그으면서 읽게 되겠죠. 저도 가끔 밑줄을 긋지만 더러워질까 봐 좀 주저하게 되긴 해요.

그렇다면 거기서 한발 더 나아가면 어떨까요? 책에 담긴 중요한 내용을 잊지 않고 외우는 일도 필요하지만 '이 내용이 정말 맞는 말일까?', '이 부분에 대한 내 개인적인 생각은 어떻지?', '내가 알던 지식과 부딪히는 면은 없을까?', '덧붙여서 생각할 부분은 없을까?' 이렇게 고민하며 책을 읽는 거죠.

 그런 생각을 가끔 해 보긴 했는데, 사실 책장을 넘기면 바로 까먹어 버려요. 제 기억력이 나쁜가 봐요.

큐큐 선생님은 기억력과 관련한 문제는 아니라고 생각해요. 책장을 그냥 넘겨 버리면 더 발전할 수 있는 생각도 여지없이 끊겨 버리니까, 밑줄 치는 것을 넘어 책의 해당 부분에 자신의 생각을 적어 두면 질문에 대해 더 고민하고 노력하게 되지 않을까요? 큐큐 선생님이 자주 쓰는 방법이랍니다.

 아, 그런 방법도 있겠네요! 게다가 독서가 끝난 후 의문점이나 느낌을 모아 다시 정리한다면 나중에 좋은 자료가 될 것 같은데요?

그게 바로 독서 감상문입니다. 다들 수업 시간에 독서 감상문을 읽거나 써 본 경험이 있을 거예요. 하지만 형식적으로 쓰다 보면 줄 거리 요약과 재미 유무 등 단순한 느낌을 기록하는 것이 독서 감상 문의 전부라고 생각하기 쉬워요. 본래 독서 감상문의 의미는 나의 생각과 의문을 정리해서 '나만의 독서 경험'으로 간직하는 것이랍 니다. '질문하며 책 읽기'의 결과물이라고 할 수 있죠!

 와, 그러면 길을 걷거나 친구들과 대화하면서, 영화를 보고 음 악을 들으면서도 질문해 볼 수 있겠네요!

맞아요. 모든 순간을 질문하는 마음으로 대하면 흥미와 관심을 가 진 채 사물을 인식하게 되니까 사고를 한없이 확장해 나갈 수 있어요!

"질문은 수업 시간뿐 아니라
모든 배움의 순간에 반드시 필요한
마음의 자세입니다."

그럼 이번에는 다른 비유를 통해 이야기해 볼까요? 네 친구 중 혹시 야구를 좋아하는 사람이 있나요?

 저요! 저는 시즌 중에 중계를 다 챙겨 봐요. 학원 때문에 못 보면 인터넷에서 하이라이트 영상이라도 확인해 보고요. 아빠랑 야구장에도 여러 번 갔었어요. 전 야구가 너무 좋아요!

그럼 준상이는 야구를 직접 하기도 하나요? 공을 던지거나 배트로 공을 치는 것 말이에요. 중계 영상을 모두 본다니 왠지 실력이 좋을 것 같은데요.

 어휴, 큐큐 선생님도 참. 야구를 좋아하고 열심히 본다고 야구를 잘하면 우리나라에 야구 선수가 백만 명이게요? 야구를 보는 것과 하는 건 완전히 다르잖아요!

바로 그거예요. 야구를 많이 구경한다고 야구를 잘하게 되지는 않듯이, 질문 없이 수업을 열심히 듣는다고 질문을 잘하게 되지는 않는답니다. 아무리 열심히 귀를 기울이고 부지런히 필기를 한다고

해도 그건 '수업 구경하기'와 다를 바 없거든요. 질문을 하면 나의
지식이 생명력을 얻을 수 있게 되지만요.

 수업을 받으면서는 다 이해한 것 같고 감탄했는데 쉬는 시간이
되면 '어, 그런데 지난 시간에 뭘 배웠더라?' 하고 머릿속이
하얗게 비는 경험을 자주 했어요. 나중에 교과서나 문제집을
다시 보면 기억나려니 했는데 사실은 제 머릿속에 제대로 들어
온 것이 없는 상황이었군요.

맞아요. 수업을 받으면서 뭔가를 질문하려고 노력한다는 건 결
국 '내가 뭘 알고 있지?', '내가 뭘 모르고 있지?', '내가 원래 알고
있는 것과 새로 배우는 것의 차이점이 무엇이고 그 내용들은 어떻
게 연결될까?'라고 마음속으로 생각의 이어달리기를 하는 일이에
요. 단순한 구경을 넘어 직접 연습과 훈련에 참여하는 셈이지요. 그
렇게 스스로 생각하는 과정을 통해서 '진짜 배움'이 가능해지는 것
입니다. 그 때문에 큐큐 선생님은 질문을 좋아하고, 질문이 배움의
핵심 과정이라고 강조하는 것이에요.

하지만 솔직히 질문하는 건 부담스럽고 어려워요. 다영이가 선생님께 질문 거리가 없어서 질문하지 않았다고 했는데, 물어보는 일 자체가 힘들어서 못 하는 경우도 많았을 거라고 생각해요.

 그 말이 맞아. 내가 말을 잘하는 편도 아니고……. 큐큐 선생님, 질문을 잘할 수 있는 비법이 없을까요?

부끄러워할 필요는 없어요. 사실 다른 사람에게 뭔가를 묻는다는 게 쉬운 일이 아니잖아요. 그럼 이제 '질문하는 법'에 대해서도 이야기를 나눠 볼까요?

정리해 볼까요?

1. 질문이 꼭 필요한 이유가 무엇일까요? 질문의 여러 가지 기능을 정리해 봅시다.

2. '수렴적 질문'과 '발산적 질문'의 뜻은 무엇이여, 각각 어떤 장단점이 있을까요?

3. 큐큐 선생님은 왜 질문이 배움의 핵심 과정이라고 했을까요?

2장
어떻게
질문해야 할까?

카페에서

어제 큐큐 선생님과 '질문하기의 중요성'에 관해 나눴던 대화, 정말 새로웠어!

맞아, 난 특히 야구 이야기가 재미있더라.

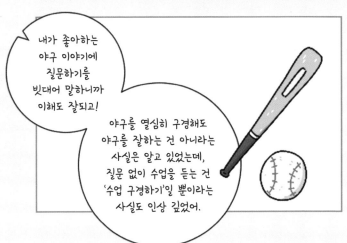

내가 좋아하는 야구 이야기에 질문하기를 빗대어 말하니까 이해도 잘되고!

야구를 열심히 구경해도 야구를 잘하는 건 아니라는 사실은 알고 있었는데, 질문 없이 수업을 듣는 건 '수업 구경하기'일 뿐이라는 사실도 인상 깊었어.

그런데 난
열심히 반복해서 들으면
내용을 외우는 정도는
할 수 있겠다는
생각이 들었어.

어제 큐큐 선생님이
'배움'은 조각난 지식을
모으는 게 아니라
내가 가지고 있는
생각의 틀을 확장하고
발전시키는 거라고
하셨잖아.

단순하게 외우면
조각난 상태 그대로 남으니까,
금세 날아가 버리지 않을까?
'인지 구조의 확대'가
되지 않은 상태니까 말이야.

음, 정말 그러네.
요즘 인터넷에 검색하면
금세 찾을 수 있는 지식이 많지만,
그걸 안다고 내가 똑똑해졌다는
생각은 들지 않았거든.
지식의 양이 많은 것과
나의 생각이 성장하는 건

다른 문제라
그랬나 봐.
하지만......

왜 그래?

안녕하세요, 큐큐 선생님이에요. 지난 시간에 꼬리에 꼬리를 물며 생각을 이어 가는 대화로 왜 질문해야 하는지를 알아 봤어요. 다만 다영이, 윤지, 영훈이, 준상이는 말을 못한다는 생각 때문에 아직도 질문하기를 망설이는 것 같군요. 반드시 화려한 언변을 갖추어야 질문할 수 있는 걸까요? 2장에서는 질문을 어떤 방식으로 하면 좋을지 고민 상담 시간을 가져 볼게요. 친구들과 함께 고민하다 보면 여러분도 질문에 대한 자신감이 자랄 거예요!

윤지는 어떻게 하면 질문을 잘할 수 있을까 고민 중이네요. 아마

1장에서 대화를 나누다가 궁금해진 모양이에요. 준상이를 비롯한 친구들 역시 말을 잘하지 못한다는 사실 때문에 질문을 하는 자체가 두려운가 봐요. 궁극적으로는 질문을 잘하고 싶어서일 텐데, 큐큐 선생님 입장에서는 반갑고 기쁜 일입니다. 질문을 하기 위해 노력하다 보면 자연스럽게 생기는 궁금증이거든요.

 지난 대화를 떠올리면서 제가 질문도 잘하지 못하고 학교생활을 제대로 못하고 있는 건 아닌지 하는 생각이 들어요.

그런데 윤지가 던진 '어떻게 하면 질문을 잘할 수 있을까요?'라는 물음도 질문이잖아요? 이미 잘하고 있는데요!

 어…….

하하, 사실 큐큐 선생님에게도 윤지와 비슷한 고민의 시기가 있었답니다. 친구들에 비해 말을 많이 하거나 잘하는 편이 아니라고 느꼈던 적이 있거든요. 우리가 이렇게 공통점을 가졌듯, 많은 친구들이 학교에서 같은 고민을 하지 않을까요? 차근차근 하나씩 생각해 보기로 해요. 질문을 잘하는 법을 따지기 전에 우선 생각해 봐야 할 점은 '질문은 왜 어려운가?'예요. 왜 질문이 어렵고 꺼려지나요?

 글쎄요……. 일단 지금까지는 굳이 질문할 필요는 없지 않나 하는 생각이 가장 컸던 것 같아요. 귀찮기도 하고요.

맞아요. 아마 질문이 필요한 이유와 역할을 잘 몰랐기 때문이었을 거예요. 그 의문은 1장에서 많이 해결되었죠? 이제 친구들이 질문하는 '방법'을 고민한다는 건 이미 배움의 과정에서 질문이 얼마나 중요하고 필수적인지 느껴서일 거예요. 가장 높은 첫 번째 문턱을 넘은 셈이에요! 이제 두 번째 문턱을 넘을 차례인데, 질문의 중요성을 알면서도 입을 떼지 못하는 이유는 무엇일까요?

 음……. 아무래도 두려움이 제일 큰 것 같아요.

두려움이요? 어떤 부분이 무섭나요?

그것도 모르냐고 선생님께서 한심하게 여기실 것만 같고, 엉뚱한 질문을 했다고 친구들이 수업에 방해된다며 짜증 내지 않을까 걱정이 돼요…….

확실히 그런 두려움이 있지요. 특히 수업 시간에는 말하는 역할을 선생님이 맡는다는 암묵적 규칙이 있는 것 같고, 그걸 깨고 이야기한다는 게 괜히 부담스러울 거예요. 영훈이의 고민이 해결되려면 질문하기 전에 아주 중요한 예비 과정인 '나는 모른다' 단계가 있다는 걸 받아들여야 해요.

 '나는 모른다' 단계요? 그런 게 있어요?

큐큐 선생님이 생각나는 대로 붙여 본 말이에요. 질문을 하기에 앞서 준비해야 할 마음가짐은 '나는 모른다.'라고 인정하는 것이니까요. 생각해 보면 당연하지 않나요? 모르니까 배우는 거고 아직 다 배우지 않은 단계니까 모르는 거지요. 그러니 모르는 것은 당연한 일인데 다른 친구들이 가만히 있으니까 '어, 다들 이해하는데 나만 모르는 건가? 그럼 내가 무식하다고 다른 사람들이 비웃지는 않을까?' 하는 마음에 주저하게 되는 거예요.

하지만 중요한 건 다른 사람들의 생각이 아니에요. 제대로 배우기 위해서 이 자리에 앉아 있다는 사실을 잊지 않아야 합니다. 모르는 건 전혀 부끄러운 일이 아닙니다. 오히려 모르는데도 아는 척 숨기거나, 다른 사람이 질문할 때 비웃는 게 부끄러운 태도지요.

 음, 큐큐 선생님 말을 듣고 보니 확실히 그렇네요. 다른 사람에게 멋져 보이려고 수업을 듣는 것도 아니고, 심지어 아는 척은 멋지지도 않은데 말이죠. 단순하게 말하자면 '그래, 나 무식하다!' 하고 화끈하게 인정하는 것부터가 질문의 시작이군요!

하하, 그런 화끈한 태도면 더 적극적으로 질문할 수 있겠어요.

**"배우는 과정 속에
모르는 것이 있다면 그건 당연한 일입니다.
그러니 질문은 전혀
부끄러운 일이 아니에요."**

하지만 아까 영훈이가 말했던 두 번째 문제, 그러니까 '엉뚱한 질문으로 수업을 방해하지 않을까?' 하는 차원은 조금 더 신중하게 접근해 볼 필요가 있어요. 언제나 멋지고 대단한 질문을 해야 하는 건 아니지만 수업의 흐름을 잘 살필 필요가 있거든요. 수학 시간에 곱셈 수업을 하는데 나눗셈 질문을 한다거나, 오늘 수업에서 어제 배운 내용에 대해 갑자기 묻는 건 안 되겠지요? 혹은 이미 알고 있는 내용이나 아직 배우지 않은 내용에 대해 질문하는 것도 마찬가지고요. 즉 질문을 하기 전에 내가 무엇을 알고 모르는지 한 번쯤 되짚어 봐야 합니다.

질문을 하기 전에 내 상태를 분명하게 파악하라는 말씀이죠?

맞아요. 그러면 자연스럽게 무엇을 어떻게 질문해야 할지 핵심을 짚을 수 있을 거예요. 무엇이 궁금해서 질문하는지가 분명해져야 선생님도 더 효과적이고 정확하게 답을 주실 수 있고, 질문한 사람도 답을 쉽게 이해할 수 있거든요.

아휴, 그런데 그게 참 쉽지 않아요. 내가 뭘 모르는지 정확하게

알 수 없고 막연하게 이해가 안 되는 경우도 많거든요. 좀 뜬구름 잡는 기분이랄까. 그래서 질문을 하기 어려운 경우가 많아요.

그 기분 알지요. 큐큐 선생님은 꼭 좋은 질문을 하려고 애쓰는 것보다 애매한 부분이 있다면 일단 무조건 손을 들고 묻는 게 낫지 않을까 생각해요. 이리저리 질문과 답변을 하면서 대화하다 보면 뜬구름 같던 문제도 점차 형태를 갖춰 가게 될 테니 말이에요. 그래서 질문하는 법의 첫 번째 원칙은 '모르면 무조건 묻는다!'입니다. 질문 자세와 원칙에 대한 이야기가 나와서 말인데, 아까 영훈이의 두 번째 고민에 대해 더 살펴봐야 할 내용이 있어요. 큐큐 선생님이 '수업을 방해하진 않을까?' 하던 영훈이의 고민을 중요하게 생각하는 이유가 있답니다.

 그게 뭔데요?

수업은 여러 사람이 함께 받는 것이고, 시간의 제약이 큽니다. 혹시 여러분은 사람의 말이 의외로 불편한 의사소통 수단이라는 사실을 느껴 본 적 있나요?

글쎄요, 저는 글보다 말이 더 편하던데. 물론 제가 친구들보다 느리게 말하긴 하지만 말을 빨리하는 친구들은 엄청난 속도로 이야기해요. 랩을 들어 보면 정말 쉴 새 없이 가사가 이어지잖아요.

여러 의사소통 수단 중 가장 빠르고 정보량이 많은 건 시각적 수단이라고 해요. 그림이나 사진을 짠 하고 펼치면 사람들이 순식간에 상황을 파악하고 다양한 정보를 받아들이게 되죠. 수업 중에도 느껴 본 적 있지요? 그다음으로 빠른 건 문자 정보예요. 책이나 신문은 한 손에 들어오는 크기지만 거기에 담긴 정보량은 어마어마하잖아요. 하지만 책이나 신문을 소리 내어 읽는다고 생각해 보세요. 눈으로 읽는 것보다 최소한 서너 배 이상의 시간이 필요할 거예요. 뒤집어서 말하자면 수업 시간 동안 선생님과 학생들 사이의 대화로 주고받을 수 있는 정보의 양은 생각보다 훨씬 적다는 이야기이기도 하지요.

 생각해 보니 읽는 데 두세 시간 정도 걸린 책을 오디오북으로 들으면 여덟 시간 이상이더라고요. 수업 시간에 선생님이 아주 많은 내용을 전달해 주신다고 생각했는데 교과서 분량이나 여러 활동들을 생각해 보면 시간이 넉넉하지 않겠네요. 선생님께서 늘 진도에 신경 쓰시는 이유를 알겠어요.

맞아요. 그러니까 수업 중에 내가 궁금하다고 해서 무한정 질문할 수는 없는 것이지요. 현실적인 한계가 있으니까요. 즉, 질문을 열심히 하되 효율적으로 하려고 신경 쓸 필요는 있습니다. 여러분이 처음에 가졌던 다양한 고민은 서로 연결되어 있어요.

> **"'무조건 묻는다'가 제일 중요한 원칙이지만 질문을 '잘'하려는 노력도 필요합니다."**

 좀 어려워요. 효율적으로 질문을 잘하려면 어떻게 해야 하죠?

'공부하려면 꼭 질문을 해야 한다', '모르니까 질문하는 게 당연하다', '무조건 묻는다', '내가 뭘 모르는지 파악한다'까지가 질문을 위한 준비 단계라면, 본격적인 질문에 앞서 '질문의 형식'에 대해 생각해 보는 게 필요해요. 그 시작은 질문의 개수와 길이를 적절하게 조절하는 것입니다.

 질문의 길이요? 말을 최대한 짧게 해야 하는 건가요?

그보다는 질문과 대답을 포함한 전체 대화의 길이를 뜻하는 거랍니다. 수업 중에 한두 번 질문과 대답이 오가는 정도는 별문제가 없겠죠? 하지만 거듭해서 대화가 이어져야 하는 질문이라면 수업 시간을 선생님과 질문한 학생 둘이서만 쓰게 되어 버릴 테니까 다른 친구들에게 방해가 될 수도 있어요.

그렇지만 문답의 길이를 미리 예측하기란 어렵기도 하잖아요? 그러니 한두 번 질문한 후에도 궁금증이 해결되지 않았다면, 조바심 낼 필요 없이 일단 질문을 멈추고 나중에 다시 해결하면 됩니다. 물론 하나의 질문에 대답이 길어지는 경우도 생길 수 있겠지만 그건 선생님이 잘 조절해 주실 거예요.

 맞아요. 가끔 선생님이 '그건 쉬는 시간에 다시 설명해 줄게.'

라든가 '나중에 교무실로 와서 질문해 줄래?' 하시는 경우가
있더라고요.

윤지가 말한 부분도 바로 '질문의 형식'에 해당한답니다! 질문이
라는 게 꼭 수업 시간에만, 말로만 이루어져야 하는 건 아니거든요.
수업이 끝나고 나서 선생님께 따로 질문하는 학생들도 많지만 짧
게 해결할 수 있는 질문일 때 가능하지요. 선생님도 교무실에 가서
다음 수업을 준비할 시간이 있어야 하니까요. 그래서 조금 긴 시간
이 필요한 질문이라면 선생님과 시간 약속을 잡은 후에 질문할 수
도 있고, 선생님이 허락한다면 이메일이나 인터넷 게시판 등을 통
해서 질문하는 것도 좋을 거예요. 궁금한 점을 잘 적어서 미리 정리
해 보는 것도 더 제대로 된 질문을 하고 좋은 대답을 얻을 수 있는
방법이에요.

**"질문의 내용과 길이에 따라
여러 가지 형식을 생각해 볼 수 있습니다."**

그렇긴 한데…… 괜히 선생님을 더 귀찮게 하는 거 아닌가 싶어서요. 솔직히 말하자면 저도 일부러 시간 약속 잡고, 찾아 뵙는 게 번거롭기도 하고요.

궁금한 내용이 있다고 찾아오는 학생을 귀찮아할 선생님은 없을 거예요. 저도 여러분과 이야기를 나누는 이 시간이 너무 즐거운걸요? 그리고 하나 더 중요한 부분을 짚자면 '질문의 상대'도 생각해 볼 필요가 있습니다.

 질문의 상대요? 당연히 선생님께 질문하는 게 아니에요?

모르는 것을 배울 때 반드시 선생님을 통해야 하는 건 아니지요. 주변 친구들도 있으니까요. 혹은 선배들도 있고, 반대로 나이가 어린 후배들에게서 뭔가를 배우는 경우도 적지 않아요.

 아, 공부 잘하는 친구들에게 물어보란 말씀이죠?

물론 공부 잘하는 친구들이 학업에 대해 많은 대답을 해 줄 수도 있겠지만 큐큐 선생님이 말하려는 건 더 넓은 뜻에서예요. 아, 혹시 독일 작가인 미하엘 엔데의 『모모』라는 책을 읽어 봤나요?

 아니요. 학교 도서관 책장에 꽂혀 있는 걸 본 적은 있어요.

핑장히 재미있는 책이니까 나중에 한번 읽어 보길 추천해요! 그 책의 주인공 여자아이인 모모는 마을 외곽의 폐허에서 혼자 살고 있답니다. 마을 사람들은 모모를 무척 좋아했는데, 왜냐하면 문제가 있을 때마다 모모를 찾아가서 이야기를 나누면 답을 찾고 해결할 수 있었거든요.

 모모가 아주 똑똑한 아이였나 봐요.

하하, 여러분이 상상하는 것과는 다른 친구였답니다. 똑똑하기는커녕 마을 사람들이 모닥불 앞에서 한참 이야기해도 모모 자신은 단 한 마디도 하지 않는 경우도 많았는걸요.

어, 뭐지? 텔레파시 같은 초능력을 가지고 있는 친구였나요?

모모가 가진 가장 큰 능력은 '정답을 말해 주는 능력'이 아니라 '상대방의 말에 귀 기울여 주는 능력'이었어요. 모모는 누가 어떤 고민을 가져오든 모닥불 옆에 함께 앉아서 진심을 다해 그 사람의 말에 귀를 기울이고 공감해 주었거든요. 그렇게 계속 이야기하다 보면 고민을 말하던 사람의 생각이 차츰 정리되고 마침내 해답을 찾게 되어 '모모 넌 정말 천재야!' 하고 감탄하면서 돌아가게 되는 거지요.

 그럴듯하기도 한데…… 좀 허무하기도 하네요.

모모의 이야기를 꺼낸 이유는 질문의 목적이 단지 훌륭한 대답을 얻는 데에만 있지는 않다는 사실 때문이에요. 질문을 하려면 자신의 생각을 정리해야 하잖아요? 물어보고 답하는 대화의 과정에서 얼마나 훌륭한 정답을 얻었는가와 관계없이, 내가 뭘 모르고 있고 어떤 방향으로 생각을 발전시켜야 하는지 알게 되었다는 것만으로도 나는 이미 배움을 얻은 상태라는 것입니다. 내 생각의 '빈자리'를 찾는 거죠. 또『모모』의 경우처럼 결국 내 안에 답이 있었다는 것을 깨닫기도 하고 말이에요.

 음…… 그럼 길고 편안한 대화를 나눌 수 있는 사람에게 질문하는 것이 더 좋을 때도 있겠네요.

그렇지요. 오히려 선생님이 아닌 친구들에게 물어보면서 답을 찾게 되는 경우가 꽤 있지 않나요? 배움은 정답만을 알기 위한 과정이 아닙니다. 답만 알고 싶다면 문제집을 풀 필요가 없어요. 정답지만 보면 될 테니까요. 배움은 나 자신의 생각을 성장시키는 과정이고, 질문은 마치 화초에 물을 주듯이 내 생각의 밭에 영양분과 자극을 주는 과정이에요. 그러니 언제나 더 많은 사람들과 묻고 답하는 대화를 나누려 노력할 필요가 있어요.

> **"질문의 대상이
> 반드시 특별한 사람일 필요는 없습니다.
> 질문을 통한 대화의 과정에서
> 스스로 배움을 얻을 수도 있습니다."**

그러니까 핵심은 '질문은……'

'어떤 경우에도 도움이 된다!'

하하, 바로 그거예요. 그리고 '모르면 무조건, 궁금한 것이 생기면 물어라!' 엄청나게 똑똑한 사람이 아니라도 상관없어요. 오히려 편하게 대화할 수 있는 사람이 더 좋을 수도 있지요. 심지어 주변에 아무도 없다면 나 자신에게 거듭 물어보는 것도 도움이 될 거예요.

 '무조건 질문해라.'라는 말씀이군요.

윤지는 요약 실력이 참 뛰어나네요. 아, 갑자기 다른 걱정이 들기 시작했는데…….

 앗, 어떤 걱정이요?

어떤 질문은 '무조건' 좋은 게 아닐 수도 있다는 사실이 불현듯 떠올랐거든요.

 지금까지 나누었던 대화와 반대 같아서 너무 헷갈리는데요.

  질문에도 좋은 방식과 잘못된 방식이 있을 수 있어요. 다음 시간
에는 이와 관련한 대화를 조금 더 자세히 나눠 볼까요?

정리해 볼까요?

1. '모른다고 놀릴까 봐 질문을 못 하겠어.'라고 주저하는 친구에게 어떤 조언을 해 줄 수 있을까요?

2. 효율적으로 질문해야 하는 이유는 무엇일까요?

3. 질문의 형식과 대상을 고려할 때 생각해 보아야 하는 점은 무엇일까요?

3장
하면 안 되는 질문이
있을까?

학교에서

앞서 2장에서 '질문은 어떻게 해야 할까?' 대화를 나누며 친구들의 고민이 시원하게 풀린 듯했고, '질문은 어떤 경우에도 도움이 된다!'라는 결론까지 얻었는데 갑자기 질문이 무조건 좋은 게 아닐 수도 있다니, 제 얘기가 혼란스럽지요? 여러분은 질문의 '방식'에 주의할 점이 있다는 사실을 알고 있었나요? 어렵게 느낄 필요 없어요. 큐큐 선생님과 차근차근 대화하다 보면 질문의 올바른 방식까지 알게 될 거예요.

큐큐 선생님! 물어볼 게 있어요!

어후, 깜짝이야! 안녕하세요, 여러분?

 앗, 갑자기 죄송해요. 궁금한 걸 물어보고 싶다는 생각에 마음이 앞서서 그만…….

하하, 오늘따라 여러분들이 더 주눅 들어 있네요. 무슨 일이 있나요?

 실은 학교에서 대화하다 보면 기분 나빠지는 사람에 대해 다영이와 대화했거든요. 지난 시간 마지막에 큐큐 선생님이 해 주신 말도 생각나고……. '잘못된 질문'이 있을 수도 있겠다는 생각이 들어서 좀 뜨끔해지더라고요. 요즘 제가 친구들에게 이것저것 물어보곤 하는데, 제 질문을 받고 기분이 나빴던 선생님이나 친구들이 있었을까 하고요. 그냥 참고 넘어가 준 건가 싶어서 좀 위축되고 겁이 나요.

아, 그래서 '잘못된 질문은 어떤 것인가?'에 대한 이야기를 하고 싶어진 건가요?

 맞아요, 큐큐 선생님은 질문을 좋아하고 질문하는 법에 대해 많이 알고 있으니까요.

흠, 거의 매일같이 하는 말이 '질문 없어요?', '궁금한 거 있으면 질문하세요.'이긴 하지만 확실히 답하기 곤란한 질문들이 있긴 해요.

 어떤 질문들이 그런가요? 이번 기회에 저도 반성하고, 앞으로라도 실수하지 않고 싶어요. 자세히 말해 주세요.

음, 우선 첫 번째로 떠오른 것은…… '답할 수 없는 질문'이에요.

 답을 모르는 질문을 받으면 큐큐 선생님도 당황하거나 화가 나시나요?

하하, 큐큐 선생님은 질문을 너무 사랑하기 때문에 당황하거나 화나지는 않아요. 물론 내가 모르는 걸 물어보는 친구들이 있긴 하지요. 그럴 땐 알아보고 나중에 알려 주면 되잖아요? 오히려 '이 친구는 질문을 많이 하는구나.' 싶어서 뿌듯하기도 하고 저도 공부할 기회가 생기니까 고맙지요. 그 학생이 멋있게 느껴지기도 해요.

 그럼 답할 수 없는 질문이라는 게 뭔가요?

종류가 참 많은데, 일단 정확하지 않은 질문이 있어요. 예를 들어 무작정 '이해가 안 돼요, 모르겠어요.' 이렇게 말하는 친구도 있거든요. 스스로도 어떤 걸 묻고 싶은지 모르는 상태인 거죠. 무엇을 모르는지, 어느 부분이 이해가 안 되는지 구체적으로 파악하지 않고 모호하게 질문하면 처음부터 전부 다시 설명해야 하는 건지, 그렇게 해도 여전히 모르겠다고 할 텐데 어쩌지 싶어서 당황스러울 때가 있어요.

 음…… 그러니까 적어도 내가 뭘 모르는지를 정리해 보고 질문하라는 거죠?

맞아요. 뭔가를 배운다는 건 노력 없이 이루어지지 않으니까요. 스스로 최선을 다해 생각하고 고민해 본 후, 그래도 혼자 힘으로 이해가 안 될 때 질문해야 자신에게도 공부가 되고 상대방도 답변이 가능하지 않겠어요?

 그럼 최대한 자세하게 질문하는 게 좋겠네요?

꼭 그렇지는 않아요. 물론 '모르겠어요, 알려주세요.' 같은 과하게 짧은 질문은 곤란하긴 하겠죠. 하지만 반대로 너무 구구절절 길게 질문하는 것도 문제가 돼요. 답변자가 질문의 핵심을 파악할 수 없고 하나의 질문에 여러 의문이 뒤섞이는 경우도 많거든요.

 모르는 걸 한꺼번에 질문하면 더 좋지 않을까요? 여러 번 이야기를 주고받지 않아도 되잖아요.

그런 면도 있긴 하죠. 하지만 대개는 그 질문들에 각기 다른 맥락이 섞여 있거든요. 그래서 대답을 하나로 모으기 곤란한 경우가 생기죠. 이 이야기 하다가 저 이야기 하다가 뒤죽박죽이 된다고 할까요. 가능하다면 초점을 한두 개 정도로 좁혀서 질문하는 게 좋아요. 답하기 훨씬 수월할 거예요.

> **"질문의 초점을 정리하여 명확하게 질문해 주면 훨씬 좋은 대답을 들을 수 있습니다."**

하지만 진짜 곤란한, 답할 수 없는 질문은 애초에 '답이 없는 질문'이에요.

 인류가 밝혀내지 못한 미스터리 같은 거요?

물론 '우주에는 외계인이 몇 명 있어요?' 식의 재미있는 질문을 하는 친구도 있지만, 그보다 가치관에 관련된 질문이 참 답하기 곤란해요.

 '엄마가 좋아요, 아빠가 좋아요?' 같은 질문일까요?

맞아요. '좋아하다', '착하다', '멋지다' 등은 각자 다르게 판단하잖아요. 그런 가치 영역의 문제에는 옳고 그름이 없는데, 모든 문제에 정답이 있다고 생각하고 질문하는 경우가 종종 있거든요.

 사실 그런 게 궁금할 때가 있어요. 저도 선생님께 '우리나라하고 일본 중에 어디가 더 선진국이에요?', '외모와 성격 중에 어떤 게 더 중요하다고 생각하세요?' 같은 질문들을 여쭤보고 싶었던 적이 있어요.

특히 학교에서는 학생들이 선생님의 의견을 궁금해하고 선생님의 개인적인 생각을 마치 '정답'이라고 오해하는 경우도 있거든요. 그래서 선생님들도 무척 조심스러울 수밖에 없어요. 특히 종교나 정치의 영역에서는 각자 생각이나 신념이 다르다는 것을 인정해야 하는데 뭐가 옳은지 따져 보고 싶어 하는 친구들도 있거든요.

 와, 그런 상황에서는 난감하겠어요.

그렇겠죠? 이런 질문은 사실관계에 대한 질문과 성격이 다르다는 점을 기억해야 해요. 그래도 상대방의 답이 궁금하다면 개인적인 생각 혹은 판단이라는 점을 염두에 두고 질문해야 하고요. 또 서로의 생각을 존중하는 정도에서 대화가 마무리되어야 할 거예요.

> "가치와 관련된 질문에는
> 정답이 없을 수 있습니다.
> 서로의 생각을 존중하는 것이 중요해요."

 그럼 애초에 고민해 보고 질문해야겠어요. 이 질문이 사실관계에 대한 것인지 가치 문제에 대한 질문인지 말이에요.

점점 질문에 대해 고민하는 모습을 보니 뿌듯한데요! 근데 가끔 똑똑한 학생들이 하는 질문이 문제가 될 수도 있다는 사실이 떠올라 걱정이 되네요.

 어, 정말요? 갑자기 무서워지는데…….

하하, 영훈이가 지금 그렇다는 건 아니고요. 두 친구는 클래식 음악 좋아하나요? 혹시 '안다 박수'라는 말을 들어 본 적 있나요?

어휴 선생님, 저는 가요를 좋아해요! 특히 케이팝! 클래식은 잘 몰라요.

큐큐 선생님은 종종 클래식을 들으려고 공연장에 방문하는데요, 공연장에서 음악을 듣다 보면 어디쯤에서 곡이 끝나는지 가늠하기 어려울 때가 많아요. 전반적으로 곡의 길이도 길고 가사가 없는 기악곡도 많으니까요. 그런데 연주되는 곡에 익숙한 사람은 곡이 끝나자마자 "브라보! 브라보!"를 외치면서 막 박수를 치는 경우가 있어요. 본인은 이 곡을 잘 안다고 자랑하고 싶은 거지요. 그래서 속된 말로 '안다 박수'라고 불러요.

 아휴, 밉상이네요. 곡의 여운을 즐기고 싶은 사람들도 많을 텐데 말이에요.

그렇지요? 질문에도 이와 비슷한 '안다 질문'이 있어요. 모르는 게 있어서 물어본다기보다 내가 이렇게 어려운 걸 많이 안다고 다른 친구들에게 자랑하려고 일부러 질문하는 거지요.

뭔지 알겠어요. '선생님, 이거 이렇게 하는 게 맞죠? 제가 어제 미리 공부해 보니까 이러이러한 내용이던데 확실한가요?' 이런 식으로 질문하는 애들이 있어요.

물론 애매한 문제인 게, 확실히 몰라서 질문하는 경우도 있을 테고, 미리 공부했다고 티 내고 싶은 마음도 이해가 되잖아요? 큐큐 선생님만 해도 질문을 사랑하는 티를 내고 싶을 때가 많은걸요. 하지만 수업 시간은 학생들 모두가 공유하는 소중한 자원이잖아요. 그런 점을 조금 신경 써 줬으면 하는 거지요. 그런 면에서 정반대의 경우도 주의해야 한다고 생각해요.

정반대라면······ 아예 아무것도 모르고 하는 질문인가요?

지난번에 말했듯 이제 배우는 거니까 모르는 건 당연하다고 할 수 있겠죠. 하지만 지금 진행하고 있는 수업을 잘 들었으면 당연히 알 수 있는 걸 다시 묻는다든가 예습, 복습을 전혀 하지 않아서 기본적으로 알고 있어야 할 내용을 제대로 파악하지 못하고 질문으로 해결하려고 하는 경우, 또는 교과서나 참고서를 조금만 찾아보면 쉽게 알 수 있는 내용을 질문으로 해결하려고 하는 경우에는 곤란하겠지요? 선생님이 답을 안 해 줄 수는 없는데 시간이 부족해져서 다른 내용은 다루지 못하게 되니까요. 결과적으로 나머지 학생들에게 피해를 주게 되지요.

 이게 핵심인 것 같아요. '수업 시간은 공유하는 자원이다.'

정말 그래요. 학생들 입장에서는 매일 매시간 수업이 반복되니까 지겹다고 느끼겠지만 배워야 할 많은 내용들을 생각해 보면 제한되어 있는 소중한 시간이거든요. 그래서 선생님들은 그 한정된 시간 안에서 최대한 많은 내용을 어떻게 하면 가장 효과적으로 전해 줄 수 있을까 고민하시는데, 학생들의 질문이 수업이라는 이름의 기관차에 윤활유와 같은 역할을 해 줄 수도 있지만 간혹 브레이크를 거는 역할도 할 테니까요. 그래서 수업의 흐름과 동떨어져 있는 엉뚱한 질문을 받으면 당황할 수밖에 없지요. 굳이 그런 질문을 하고 싶다면 수업 이외의 시간에 따로 약속을 하고 찾아가는 게 좋아요.

"수업 시간은 학생들이 공유하는
소중한 자원입니다.
이미 아는 사실에 대한 질문,
제대로 공부하지 않고 묻는 질문,
흐름과 동떨어진 엉뚱한 질문을
조심할 필요가 있어요."

하지만 최고의, 아니 최악의 '잘못된 질문'은 따로 있어요.

 오, 드디어 끝판왕 등장인 건가요? 귀가 쫑긋 서네요. 어떤 질문이 최악이에요?

물론 사람마다 생각이 다르긴 하겠지만 큐큐 선생님이 생각하는 최악의 질문은 '예의가 없는 질문'이에요.

 버릇없는 질문이나, 높임말을 제대로 쓰지 않고 반말로 하는 질문, 그런 거요?

물론 영훈이가 말한 것처럼 일반적인 예의에 어긋나는 질문도 당연히 문제가 있지만 그 외에도 여러 가지 종류가 있어요. 가장 흔한 건 '공격적인 질문'이에요.

'그건 틀렸어!' 하는 질문인가요?

맞아요. 듣는 입장에서는 무척 당황스럽죠.

사실 저도 그 마음을 이해하지 못하는 건 아니에요. 가끔 '어, 저 애의 발표 내용은 틀린 것 같은데?' 싶으면 말하고 싶어서 입이 근질근질하거든요. 그런 질문을 던지면 애들이 '워어, 다영이 대단한데?' 하고 봐 주는 느낌이 들어서 어깨가 으쓱하기도 하고 말이에요.

정말 그렇겠어요. 마치 영웅이 된 기분이 들기도 하겠지요. 하지만 그건 처음부터 질문의 목적이 잘못된 거랍니다. '모르는 것을 알고 싶다.', '배우고 싶다.'의 마음이 아니라 '내가 아는 걸 자랑하고 싶다.', '선생님이나 다른 애들이 틀린 걸 지적하고 싶다.'라는 과시

욕에서 나오는 질문이니까 말이에요. 앞서 이야기했던 '안다 질문' 을 넘어서서, 이런 공격적인 질문은 수업 흐름에 방해가 되겠지요?

 큐큐 선생님 말을 들으니 왠지 저도 좀 찔려요.

물론 누구나 잘못된 내용을 말할 수도 있고 또 나의 생각과 다른 이야기를 할 수도 있어요. 그럴 땐 '내가 알고 있는 내용과 다른데 혹시 제가 잘못 알고 있나요?', '저는 좀 다르게 생각하는데 이렇게 보면 어떨까요?'처럼 예의를 갖춰서 질문하면 서로 의견을 나누는 좋은 배움의 장이 될 거예요. 그런데 '그거 아닌데요. 에이, 그게 뭐야. 틀렸어요.' 이렇게 말한다면 우쭐할 수는 있어도 수업 분위기는 엉망이 됩니다.

 또 예의 없는 질문에는 뭐가 있을까요?

음…… 당연히 지켜야 할 질문의 순서와 절차를 지키지 않는 질문이지 않을까요?

아, 중간에 툭 끼어들어서 자기 할 말만 하는 그런 경우요?

   그래요. 선생님으로서는 나름의 계획을 짜고 시간을 배분해서 45분 동안 수업을 진행하거든요. 따로 시간을 내어 질문하거나, 중간에 질문이 있다면 손을 들고 질문하겠다는 의사를 밝힌 후 허락을 얻어서 질문을 하는 게 당연하지요. 그런데 중간에 말을 끊고 '그게 뭔데요?', '진짜요? 선생님이 그걸 어떻게 알아요?' 하는 식이면 어떨까요. 한참 흐름을 이어 가던 수업이 꼬이는 경우가 생기겠지요? 열심히 질문하는 학생이 위축될까 봐 야단 치지 않고 대답을 해 주신다고 해도 다시 원래 수업의 흐름으로 돌아가려면 꽤나 시간이 소요될 거예요.

   이건 편한 상대와의 자유로운 대화에서도 마찬가지인데, 상대방에게 답을 구하는 상황에서 공격적으로 굴거나 질문자가 자기 할 말만 한다면 어떨까요? 상대는 시간을 내어 자신의 생각을 말해 주는 것인데, 아무리 편한 사이라고 해도 기분이 상할 거예요.

> **"질문을 할 때는
> 상대에 대한 적절한 예의와 절차를
> 지킬 필요가 있습니다."**

 아휴, 큐큐 선생님 말을 듣다 보니 질문을 하는 것도, 받는 것도 참 쉬운 일이 아니군요. 저는 사실 선생님이 되고 싶기도 한데, 나같이 성격 급한 애가 잘 해낼 수 있을까 걱정도 되고요.

　잘못된 질문에 대한 이야기를 하다 보니 너무 부정적인 점만 전한 게 아닌지 모르겠네요. 큐큐 선생님이 생각해 보자면, 질문이 없는 경우와 지나치게 많은 경우 중에는 당연히 좀 어설프거나 아쉬운 부분이 있더라도 무조건 질문이 많은 편이 나아요. 질문도 축구나 야구 같은 운동과 마찬가지로 거듭 연습할수록 더 좋은 질문을 할 수 있게 되고, 결과적으로 더 많은 것을 배울 수 있거든요. 질문이 없는 수업은 사실상 죽은 수업이나 마찬가지예요. 우리도 오늘 대화를 기억해 두되 너무 주눅 들지 말고 앞으로 더 많이, 더 열심히 질문을 해 봐요!

네, 선생님! 그럼 오늘의 대화를 마무리하며 '나쁜 질문을 하지 않는 법'에 대해 정리해 주신다면?

질문에도 준비와 노력이 필요하다, 노력의 과정에서 자연스럽게 나오는 질문은 멋있지만 노력하기 싫은 마음으로 게으르게 질문하면 답을 하는 사람도 힘들고 질문하는 사람에게도 도움이 되지 않는다, 그리고 나에게 배움을 주는 사람에게 예의를 지키는 '성숙한 질문러'가 되자. 하하, 오늘 수업은 끝이에요!

정리해 볼까요?

1. '답하기 어려운 질문'에는 어떤 종류가 있을까요?

2. 가치에 관련된 질문은 어떤 방식으로 해야 할까요?

3. 질문을 할 때 유의해야 할 예의와 절차에는 무엇이 있을까요?

4장
질문과 대답을
어떻게 받아들일까?

교실에서

네, 그렇습니다. 연쇄 살인범일지라도 당연히 존엄성이 있고, 고문이나 구타당하지 않을 권리가 있습니다.

물론 우리나라에도 사형 제도가 있긴 하지만 비인간적인 방식의 집행은 금지하고 있어요. 게다가 사형을 실제로 집행하지 않은 지도 꽤 오래됐고······

하지만 연쇄 살인범은 남의 존엄성을 존중하지 않았는데 왜 그들의 존엄성을 보장해 줘야 하나요?

안녕하세요, 큐큐 선생님이에요. 지금까지 '질문을 왜 해야 하는지', '질문을 어떻게 해야 하는지', 그리고 '질문은 어떻게 하면 안되는지'까지 무려 세 번의 대화를 나누었어요. 여기까지 온 우리들에게 박수를 쳐 줍시다! 이제 딱 한 단계가 남아 있네요. 질문이 있은 다음에는 무엇이 있을까요? 맞아요, 바로 대답이죠! 우리는 살아가며 필연적으로 질문뿐만 아니라 대답도 하게 됩니다.

여러분은 방금 살펴본 윤지와 준상이의 대화를 어떻게 생각하나요? 일단 윤지의 얼굴이 어두워진 건 확실한 것 같네요. 준상이는 분명 친구의 발표를 열심히 듣고 질문했습니다. 물론 윤지도 최선을 다해 대답했죠. 그런데 어째 결과가 좋은 것 같지는 않습니다. 큐큐 선생님이 저번 시간에 질문이 없는 것보다는 열심히 질문하는 게 좋다고 했지만 그렇다고 해서 언제나 좋은 결과가 나오지는 않습니다. 무엇이 잘못되었던 걸까요?

질문을 받았을 때 당황스러웠던 기억이 있다면 오늘의 주제, '질문과 대답을 어떻게 받아들일까?'에 귀 기울여 보세요. 저는 일단 윤지의 기분이 어땠는지 물어보고 싶어요.

 솔직히 발표 도중 받은 질문에 조금 당황스럽긴 했어요. 질문을 많이 하는 게 중요하다고 하니까 저도 잘 설명하고 싶었는데 생각대로 안 돼서 부끄럽고 심란하더라고요.

윤지가 잘 말해 주었다시피 '질문하는 법'뿐 아니라 '질문을 받아들이는 법'에 대해서도 깊게 고민하고 배울 필요가 있습니다. 우선 '질문은 공격이 아니다!'라는 사실 잊으면 안 돼요. 누군가 나에게 질문을 하면 반갑기보다도 움찔하며 당황하게 되는 것도 당연해요. 답변을 해야 한다는 의무감도 부담스럽고, 혹시 내가 잘못된 답변을 할까 봐 걱정스럽기도 하죠. 이런 생각이 발전해서 '혹시 내가 아는지 모르는지 시험해 보는 건가?', '틀렸다고 지적하는 건가?' 하며 방어적인 기분이 될 수도 있어요.

맞아요. '어, 그거 아닌데요?'라고 지적하거나 반론을 제기하는 느낌이 들어서 좀 무서웠던 것 같아요.

발표할 때 보통 문답 시간을 따로 두기는 하지만 막상 질문이 들어오면 내 발표가 부족해서 질문을 받은 건 아닌지 하는 생각이 들기 마련이죠. 그런데 오히려 질문이 없다는 건 발표가 제대로 전달되지 않았다는 뜻이라고 봐야 합니다. 아는 게 없으니 의문도 생기지 않고 질문 거리도 없는 거죠.

그건 그렇죠. 저도 정말 열심히 듣다 보니까 자연스레 의문이 들어서 질문한 거였어요.

바로 그겁니다. 오히려 발표를 듣던 학생이 질문을 한다면 기본적으로 열심히 들었다는 뜻이에요. 굳이 손을 들고 질문하는 노력을 보이는 거잖아요? 내용에 흥미가 있고 그에 대해 더 알고 싶다는 의지를 가졌다는 뜻이니 어찌 보면 대단한 일이고요.

> **"질문은 공격이 아닙니다.
> 오히려 열심히 들었다는 증거지요."**

 저도 그렇지만…… 웬만하면 자신을 드러내지 않으려는 애들이 많다 보니 열심히 질문하는 경우가 드물기는 해요.

그래서 큐큐 선생님이 두 번째로 해 주고 싶은 얘기는 '질문하는 사람을 위축시키면 안 된다.'는 거예요. 어떤 학생이 질문을 하면 그 내용과 상관없이 다른 학생들은 '아, 쟤 왜 저래……' 하면서 부정적인 시각을 가지기 쉽습니다. 수업의 흐름이 끊겨서 짜증을 내는 경우도 있고 혹은 수업이 길어질까 봐 귀찮아하는 경우도 있지요. 게다가 누군가 튀는 행동을 하면 무조건 싫어하는 경향도 있어요. 그런 상황에서 질문을 받는 사람마저 부정적인 기색을 보이면 질문자는 등딱지 속으로 손발과 머리를 감춘 거북이처럼 잔뜩 위

축돼서 아마 다시는 질문할 생각을 하지 못할 거예요. 수업 시간에 선생님께 질문했는데 선생님이 귀찮아하신다고 생각해 보세요. 무척 민망하겠지요?

 대답할 때는 질문에 대해 부정적인 생각을 갖지 않도록 배려해야 한다는 말씀이시죠?

그렇죠. 그리고 다른 친구들이 질문할 때 성가셔하지 말고 서로의 질문할 권리를 존중해야 해요.

"질문하는 사람을
부정적으로 생각하는
분위기가 되지 않도록
주의해야 합니다."

 그런데 아무리 그런 의도라고 해도…… 선생님도 아시겠지만 사실 애들이 영 엉뚱한 질문을 하는 경우가 많잖아요. 그런 경우에도 일단 잘했다, 좋은 질문이다, 이렇게 반응하는 게 맞는 걸까요?

1~3장에서는 질문하는 사람에게 필요한 노력을 주로 이야기했지만 4장에서는 질문을 받는 사람이 노력해야 할 몫에 대해 이야기하게 되네요. 핵심을 콕 찌른 날카롭고 멋진 질문이라면 좋겠지만 배우는 과정에 있는 학생들이니만큼 서투른 것은 당연한 일입니다. 내용을 제대로 파악하지 못한 질문, 질문의 핵심을 명확히 표현하지 못한 질문, 대답하기 애매한 질문을 하는 경우들이 많지만 그런 '뭉툭한 질문'을 날카롭게 알아듣는 것도 질문을 받는 사람에게 필요한 역량이지요.

 헤헤……. 아무렴 콩떡같이 말해도 찰떡같이 알아들어야죠.

　황당하거나 엉뚱해 보이는 질문도 분명히 이유와 맥락이 있습니다. 왜 그런 질문이 나왔는지 고민해 보는 태도도 질문을 받는 사람의 중요한 자세라고 생각해요. '이런 뜻으로 질문한 거죠? 참 좋은 질문이네요. 그 내용은 우리가 배운 내용 중 이것과 연결되는데요……'라고 자연스럽게 받아 주면 결국은 모든 질문이 의미 있어지지 않겠어요?

"질문하는 법뿐 아니라
질문을 받아들이는 법도
고민해 봐야 합니다."

그런데 큐큐 선생님이 가장 중요하게 생각하는 건 세 번째 이야기예요.

 엇, 갑자기 긴장되는데요, 세 번째는 뭔데요?

'질문에 언제나 답을 줄 수 있는 것은 아니다.'라는 거죠.

 내가 모르는 질문이 나올 수도 있다는 걸 각오하라는 이야기인가요? 뭔가 좀 무서운데요.

음…… 비슷한 이야기이긴 한데 뉘앙스가 많이 달라요. 질문을 받으면 반드시 답을 내놓아야 한다는 강박관념 같은 게 있잖아요? '척척박사 증후군'이라고 말할 수 있으려나요?

모른다라고 말하면 절대로 안 될 것 같다는 생각이 들어요. 발표를 듣는 친구들이 실망할 것 같기도 하고……. 앗, 그러고 보니 선생님은 저희보다 질문을 훨씬 더 많이 받으시니까 모른다는 대답을 하기 더 어려울 것 같다는 생각이 들어요. 선생님마저도 모른다고 하면 학생들이 누구에게 물어봐야 하나 당황할 것 같기도 하고요.

맞아요. 하지만 선생님이 항상 모든 질문에 답할 수는 없죠. 물론 수업에 관련된 내용을 오랫동안 공부해 왔고 수업 준비도 하니까 대부분 알고 있지만, 지식은 계속 발전하는 것이고 질문이 어떤 방향으로 확장될지도 모르는 일이기도 하고요.

 생각해 보면 정확한 답이 없는 의문들도 많아요. 개인의 취향이나 가치관 질문에는 무엇을 정답이라고 알려 주시지 않는 경우도 많고요. 3장에서 큐큐 선생님과 대화했듯 학생들에게 편향적인 생각을 심어 줄 우려가 있어서 답하기 꺼려하시는 것 같더라고요. 그런데 이런 경우 다른 학생들이 '선생님이 잘 모르시나 보다.' 하고 오해할 것 같기도 해요.

맞아요. 하지만 요새는 더 근본적인 문제가 있지 않나요? 이제는 더 이상 교사가 모든 것에 답할 필요가 없는 세상이 되었다는 사실이에요. 스마트폰이나 컴퓨터도 있으니까요.

 맞아요. 우리 학교도 학생들에게 수업에 활용할 수 있도록 패드를 지급하고 있는걸요. 노트북을 가지고 수업에 들어오는 걸 허용하는 학교도 있더라고요. 와이파이 접속도 되고요.

정말 그렇죠? 그러니까 개별적이고 단편적인 지식, 복잡한 활동이 필요하지 않은 지식은 선생님에게 묻기보다는 각자 찾는 편이 더 나을 수도 있어요.

 사실은 그래서 질문을 안 하기도 해요. 발표 중에 인터넷에 검색해서 답이 맞는지 확인하는 애들도 있더라고요. 자기들끼리 고개를 끄덕거리며 '맞아, 맞아.' 하는 모습을 보자면 선생님이 답을 아는지 모르는지 시험해 본 건가 싶기도 하고……. 혹시라도 누군가 인터넷으로 쉽게 찾을 수 있는 문제를 틀리면 엄청 비웃기도 하고요. 그럴 때는 이제 질문이 필요 없는 시대가 된 것 같다고도 생각해요.

하하, 그런 일이 있었군요. 스마트 기기의 시대를 맞아 자주 일어나는 당황스러운 일일 거예요. 그런데 '이제 질문은 필요 없는 시대'라는 말에 대해서 큐큐 선생님의 생각은 좀 달라요. 오히려 그렇기 때문에 질문이 더 중요해진 시대라고 생각하거든요.

 모든 답을 인터넷에서 찾을 수 있어도요? 심지어 요즘은 AI가 선생님처럼 대답을 해 주기도 하잖아요. 게다가 방금 큐큐 선생님도 간단한 지식은 각자 찾는 편이 낫다고 하셨잖아요.

맞아요. 하지만 그건 정말 단편적인 것에만 해당하는 이야기였고, 세상은 훨씬 복잡다단하잖아요? AI의 대답은 어디까지나 인간의 문답을 모방하는 것이라 두 가지 중요한 문제가 발생해요. 하나는 '제대로 된 질문을 할 수 있는가?'이고 다른 하나는 '제대로 된 답이라는 것을 어떻게 알 수 있는가?'예요. 지금까지 대화를 통해 질문을 제대로 하는 것에는 많은 훈련이 필요하다는 사실을 알게 되었잖아요. 그 과정에서 당연히 사람의 역할이 필요해요. 여러분에게는 그 역할을 선생님이 해 주고 있기도 하고요.

'제대로 된 답'의 경우는 더 문제예요. 요즘 우리가 접하는 문제들은 대부분 정답이 없는 것들이잖아요? 그러니 단정적으로 어느 쪽이 옳고 그른지 딱 잘라 말하는 것보다는, 어떤 답이 왜 의미 있다고 볼 수 있는지 스스로 깨닫고 도달하는 과정이 무척 중요해요.

 그러니까 큐큐 선생님 말씀은…… 질문은 '질문하는 것' 그 자체로 교육적인 의미가 있다는 거죠?

그렇죠. 질문과 대답을 반복해서 연습한다면 내가 무엇을 잘 알고 모르는지, 무엇이 문제라고 생각하고 어디에 가치를 부여하고 있는지 확인할 수 있게 되는 거죠.

 그러면 선생님이 단번에 정답을 주는 것이 오히려 안 좋을 수도 있겠네요?

맞아요. 오히려 학생들 스스로 생각할 여지를 남겨 두는 것이 교육적으로는 더 좋은 방식일 수 있어요. 하지만 가장 중요한 것은 모르는 것은 모른다고 솔직히 인정하는 용기가 아닐까 싶어요.

모르는 것을 인정하는 용기…….

우리도 다 불완전한 사람일 뿐이잖아요. 아는 것은 아는 데까지 말하고 모르는 것은 함께 생각해 보는 태도가 오히려 훨씬 좋은 접근이라고 생각해요. 그러니 윤지도 발표 수업에서 모르는 질문이 들어오더라도, '함께 생각해 보자.'라고 말해도 되는 것이고요.

"모르는 것을 솔직히 인정하고
답을 찾아가는 과정에서
함께 성장하는 기회가 생길 수 있어요."

 어휴, 발표 수업 때 준상이에게 당당하게 말할 걸 그랬어요.

 뭘, 이제 알았으면 됐지!

 넌 언제나 얄밉다.

헤헤, 장난이야 장난. 나도 이제 알게 됐는걸 뭐! 그런데 큐큐 선생님, 선생님들도 그럼 고민이 크겠네요?

'내가 이렇게 부족한데 아이들을 가르쳐도 되나.' 하는 고민이 들 수도 있겠죠. 큐큐 선생님도 늘 하는 고민인데요. 하지만 큐큐 선생님은 '대답하는 법'에서 가장 중요한 부분을 찾았답니다. 아는 척, 똑똑한 척, 질문한 사람보다 더 나은 척하고 싶은 마음들을 모두 내려놓고 질문 자체에만 집중해서 함께 생각을 나누는 것! 결국 질문이란 '또 다른 대화의 방법'이잖아요. 우리가 이렇게 대화를 나누는 과정에서 질문과 대답이 오고 가겠지만 그건 누가 다른 한 쪽을 일방적으로 가르치는 과정이 아니거든요.

 그래도 왠지 지금은 큐큐 선생님이 저희를 계속 가르쳐 주시는 것 같은데요?

아니에요. 여러분이 궁금한 걸 물어보니까 '아, 이런 건가? 저런 건가?' 하면서 사실은 저 자신도 배우게 될 때가 많아요. 여러분도 그런 경험 있지 않나요? 가끔 옆자리 친구가 궁금한 문제를 물어볼 때가 있잖아요. 그때 스스로 생각하고 다시 한번 말로 정리하면서 가르치는 일을 계기로 '오히려 내가 배우고 있구나.' 하는 느낌이 드는 순간이요.

 와, 맞아요! 저번에 준상이에게 수학 문제를 알려 주다가 저도 제 안에서 명쾌한 답을 찾은 느낌이었어요. 뭐랄까, 모호하게만 알던 풀이법의 본질까지 살살이 알게 된 느낌이랄까……. 그래서 저번에 담임 선생님께서 다른 친구들 공부를 도와주고 가르쳐 주라고 하셨나 봐요. 배우는 쪽이 일방적으로 이득인 것 같지만 실은 다른 친구에게 가르쳐 주면서 오히려 훨씬 더 많은 것을 얻게 되는 방법이었군요!

그래요, 결국 질문과 대답은 대화를 하는 방식의 하나일 뿐이고 그 과정에서 가장 중요한 것은 서로 생각을 나누고 교류한다는 사실이니까요. 질문과 대답이 자판기처럼 동전을 넣으면 정답이 딸깍, 하고 나오는 식이라면 오히려 좋지 않은 대화의 방식이 아닐까요?

 큐큐 선생님 말씀을 듣다 보니 아까 발표 시간에 준상이에게 해 준 답변이 충분하지 않다는 생각이 들어요. 유준상! 아까 질문에 대해 우리 다시 대화해 보자!

 좋아, 대화를 이어 가다 보면 의문이 완전히 풀리지는 않더라도 더 많은 걸 얻게 될 수 있을 것 같아!

하하, 여러분이 질문에 대해 열린 마음을 갖게 된 것 같아 정말 뿌듯한데요? 아마 앞으로 훌륭한 '질문러'가 될 거예요!

  뭘요, 저희와 대화해 주신 큐큐 선생님 덕분이죠!

"질문과 대답은 대화의
방식 중 하나라는 사실을
잊지 말기로 해요."

정리해 볼까요?

1. 질문이 나에 대한 공격처럼 느껴진 적이 있나요? 그 이유는 무엇일까요?

2. 인터넷으로 무슨 지식이든 찾아볼 수 있는 시대에 질문과 대답을 나누는 행위에는 어떤 의미가 있을까요?

3. 모르는 것을 솔직히 인정하는 일이 중요한 까닭은 무엇일까요?

5장
질문을 연습해 보자!

'질문 대잔치'에 오신
여러분을 환영합니다!

자, 이제부터는 여러분이 직접 질문을 해 보는 시간을 가질 거예요. 기억해야 할 유일한 규칙은 단 하나, '질문은 무조건 좋은 것이다!'예요. 알아도 확인하기 위해 질문하고, 모르면 당연히 질문하고, 질문하면서 생각하고, 질문하면서 배우고, 질문하면서 정리하는 거죠. 지금부터는 '질문 대잔치'의 시간입니다! 아휴, 그래도 질문하는 건 어렵다고요? 그럼 간단하고 쉬운 질문부터 시작해 점점 복잡한 질문을 향해 차근차근 올라가 보자고요. 이 대잔치에서 여러분이 생각해야 할 단 한 가지는 '무조건 질문하기'라고 말씀드렸죠? 조금 어색하고 부끄럽더라도 최대한 많은 질문을 만들어 보세요. 그럼 어떻게 하면 질문을 만들 수 있을지 간단한 요령부터 말씀드릴게요.

• 단어의 뜻을 확인해 보자

흔히 쓰는 말이지만 정확한 뜻을 모르는 단어들이 많이 있어요. 그런 단어의 의미를 하나하나 확인하는 것이 질문의 시작이죠.

예를 들어 '다른 사람의 MBTI를 자꾸 묻는 행위는 트라우마를 발생시킨다.'라는 문장은 언뜻 보면 어떤 뜻인지 알 것 같지만 자세히 생각해 보면 'MBTI'가 뭔지, '트라우마'가 뭔지 정확히 모른다는 걸 깨닫게 되죠.

• 근거를 찾자

주장에 대한 근거를 확인해 보는 것은 매우 중요한 일이에요. '우리나라 사람들은 미국 사람들보다 키가 작다. 그래서……'라는 의견을 '당연히 그렇지.'라고 넘기지 말고 이유를 물어보세요. 그 근거가 막연한 느낌이나 혼자만의 생각인 경우가 많거든요. 그런 부분들은 꼼꼼히 질문해 볼 필요가 있죠.

• 경험을 연결시키자

어떤 현상을 이해한다는 것은 기존에 가지고 있던 지식과 경험에 결합시키는 것입니다. 음식을 아무리 많이 먹어도 소화 기관을 통해 내 몸 여기저기에 분배하지 않으면 나의 에너지가 되지 못하는 것과 마찬가지죠. 질문을 자신의 경험과 연관시켜서 내용이 일치하는지, 혹은 서로 어긋나는지 따져 보세요. 자신의 생각을 넓히는 데 많은 도움을 줍니다.

• 의견을 제시하자

'내용의 소화'에서는 내가 가지고 있는 생각과 제시된 내용을 비교해 보는 행위가 가장 중요합니다. 나의 생각은 어떤지, 동의하는 부분과 그렇지 않은 부분을 나누어 정리해 보세요. 자연스럽게 질문과 토론이 이루어질 수 있답니다.

• 가정법을 사용해 보자

질문에서 제일 중요한 것은 '상상력'이랍니다. 제시된 내용에 대해 '만약 다른 상황이라면?' '이게 아니라 저거라면?' '행위자가 이 사람이 아니라 저 사람이라면?' 등 다양하게 가정해 보세요. 질문을 대단히 풍부하게 만들어 줘요.

• 차이와 공통점에 주목하자

어떤 내용을 분석한다는 것은 '쪼개어 살펴본다'는 뜻이에요. 새로운 내용을 잘게 쪼개어 분석해 보세요. 내가 전에 알고 있던 것, 다른 사람이 말했던 것과 무엇이 같고 다른지 따져 보고 차이점과 공통점에 대한 서로의 생각을 공유해 보세요. 굉장히 수준 높은 질문을 만들 수 있습니다.

• 종합해서 결론을 내려 보자

수업을 듣거나 책을 읽은 후에 내 나름대로 내용을 정리하고, 결론을 내어 옳은 방향이었는지 스스로에게 다시 질문해 보세요. 내용을 제대로 파악하는 가장 좋은 방법입니다.

어때요? 몇 가지 예를 든 것뿐이지만 질문할 내용들이 마구마구 떠오르지 않나요? 그 에너지를 모아모아 실제로 질문 대잔치 속에 뛰어들어 봅시다!

딱 하나의 문장에서 얼마나 많은 질문을 만들 수 있을까요? 그 수를 알게 되면 아마 놀랄걸요? 예를 들어서 다음 문장에서 어떤 질문들이 가능한지 보여 드릴게요.

옛날 옛날 어느 왕국에 '백설공주'라는 이름을 가진 아주 예쁜 공주가 살고 있었습니다.

- '옛날'이라는 말은 무슨 뜻인가요?
- '옛날'을 두 번 반복해서 쓴 이유는 뭔가요?
- '왕국'은 어떤 나라를 말하는 건가요?
- 조선에도 왕은 있었는데 왜 '조선왕국'이라고 하지 않나요? 여기서 말하는 왕국과 조선은 뭐가 다른가요?
- '백설공주'는 '피부가 눈처럼 하얀' 공주인가요? 그런데 '눈처럼 하얀'이 사람의 이름이 될 수 있나요?
- '예쁘다'의 기준은 시대와 장소에 따라 다른데 여기서 '예쁘다'라고 말하는 근거는 뭔가요?
- '공주'는 '왕의 딸'인가요? 그럼 '왕녀'라고 부르지 않고 왜 '공주'라고 부르나요? '공주'는 '공작의 딸'이 아닌가요?
- 요즘도 '왕국'이 있나요? 어떤 나라들이 있나요? 그럼 그 나라에도 '공주'가 있나요?

- 옛날이야기에는 전부 왕과 왕자, 공주들이 등장하는데 왕국은 언제, 왜 없어진 건가요? 왕국은 좋은 건가요, 나쁜 건가요?
- 『백설공주』와 함께 읽는 이야기로 『신데렐라』가 있는데 신데렐라는 공주인가요, 아닌가요? 왕자와 결혼하면 공주가 되는 건가요?
- 공주는 부자인가요? 왕이 돈을 벌거나 월급을 받는 것도 아닌데 공주는 어떻게 부유한 생활을 할 수 있나요?
- 만약 공주가 된다면 어떤 기분이 들까요? 뭘 해 보고 싶은가요? 공주가 되어서 안 좋은 점은 뭐가 있을까요?

1. 다음 문장들을 읽고 각각 최대한 많은 질문을 만들어 보세요.

문장 하나

장 발장은 굶주리는 일곱 조카들을 위해 빵 한 조각을 훔친 죄로 19년의 감옥살이를 겪고 전과자가 되었다.

▶ 질문

문장 둘

콩쥐는 일찍 모친을 여의고 아버지가 계모를 얻었는데, 계모에게는 팥쥐라는 딸이 있었다.

▶ 질문

고려 시대에 만들어진 팔만대장경은 2007년에 유네스코 세계 기록 문화유산으로 지정되었다.

▶ 질문

2. 스스로 새로운 문장을 적어 보고, 이 문장에 대한 질문을 만들어 보세요.

문장

▶ 질문

"수수나무 마나님 / 좋은 마나님, / 오늘 저녁 하루만 재워 주셔요."

"아니 아니, 안 돼요. / 무서워서요. 당신 눈이 무서워 / 못 재웁니다."

잠잘 곳이 없어서 / 늙은 잠자리, / 바지랑이 갈퀴에 / 혼자 앉아서 / 추운 바람 서러워 / 한숨짓는데, / 감나무 마른 잎이 떨어집니다.

—방정환 「늙은 잠자리」

▶ 질문

어느 날 굶주린 여우가 높은 넝쿨 위에 가지런히 열린 포도송이들을 보았어요. 여우는 포도에 닿으려고 힘껏 뛰어올랐지요. 그러나 포도는 손끝에 겨우 스치기만 할 뿐, 도저히 잡을 수 없었습니다. 여우는 아무렇지 않은 체하며 우아하게 말했습니다.

"먹음직스러워 보이지만, 아직 익지 않아 아주 신 포도일 게 분명해."

여우는 한마디 내뱉었습니다.

―이솝 우화 「여우와 포도」

▶ 질문

세종대왕(1397~1450)

조선의 네 번째 임금으로, 백성들에게 농사 기술을 알려 주기 위해 책을 펴내기도 하고 누구나 쉽게 배울 수 있는 문자인 훈민정음을 창제하기도 했다. 과학 기술에도 관심이 많아 혼천의, 자격루, 측우기 등의 발명을 지원했다. 어려서부터 책을 너무 많이 읽어서 눈병과 과로로 건강을 해치기도 했으며 결국 병세가 악화되어 1450년 승하하였다.

장 프랑수아 밀레 「이삭 줍는 여인들」(1857)

지금까지 정말 많은 질문들을 연습해 봤죠? 이젠 어떤 이야기를 듣거나 사물을 보면 저절로 이런 저런 질문들이 잘 익은 사과가 떨어지듯이 후두두 떨어질 것 같아요.

이제 한걸음 더 나아가서 다른 사람의 주장을 듣고 그 내용을 파악한 후, 질문과 나의 의견을 제시하는 '토론하기'를 해 볼까 해요.

토론하는 방법 중 한 가지인 '하브루타' 방식으로 토론을 해 봅시다. 하브루타는 '친구' 혹은 '짝'이라는 의미의 히브리어 '하베르'(haver)에서 유래한 것으로, 유대인들이 자신들의 종교적 경전인 「토라」나 「탈무드」를 공부할 때 쓰던 방식입니다.

두 사람이 짝을 지어 문답하고 토론해 봅시다. 한 사람이 어떤 주장을 펼치면 상대방이 이걸 반박하고, 한 주제가 마무리되면 다음 주제에서 역할을 바꾸는 식이죠. 토론은 답을 찾거나 이기기 위한 것이 아니라 질문 과정에서 자신의 생각을 말하고 발전시키기 위함입니다. 유대인들은 질문 자체가 가장 중요한 교육이라고 생각하기 때문에 하브루타 토론에서는 모든 배움이 질문에서 시작해서 질문으로 끝난다고 여깁니다. 즉, 질문에 답이 주어지면서 끝나는 것이 아니라 반드시 또 다른 질문이 이어진다고 생각하죠. '생각하는 법을 배우는 토론'이에요.

이제 앞선 연습을 바탕으로 하브루타 토론을 해 볼까요? 다른 친구와 짝을 이루고, 상대방이 펼친 주장에 대해 질문해 보세요.

우리나라의 출생률이 낮아지는 게 사회문제가 되고 있다는 얘기 많이 들어 봤을 거야. 우리나라의 경우 2023년 합계 출산율이 0.7밖에 안 돼. 심지어 2023년 4분기 출산율은 0.65명으로 더 떨어졌는데, 국가 단위에서 분기 출산율이 0.6명대인 것은 세계 최초의 사례라고 해. 이건 OECD 국가 중에서 가장 낮은 수치로 세계적으로 유례가 없는 심각한 상황이야.

이런 '저출산' 문제가 계속 이어지면 우리나라의 인구가 계속 줄어들어 결국 국가경쟁력이 낮아진다고 걱정하는 사람들이 많아. 하지만 내 개인적인 생각으로는 인구가 줄어드는 것에 꼭 나쁜 점만 있는 것은 아닌 것 같아. 우리나라가 땅도 좁은 편인데 그동안 인구가 너무 많지 않았나 싶기도 하거든. 우리나라보다 약간 면적이 작은 오스트리아의 경우는 인구가 9백만 명밖에 안 되는 걸 보면 인구가 5천만 명이나 되는 우리나라는 좀 줄어드는 편이 좋지 않을까 하는 생각이 들어. 그러면 서로를 더 귀하게 여기고 일자리를 찾기도 더 쉬워지고 복지 수준도 높아지지 않겠어?

1. 위 글에서 사실 문제에 해당하는 부분은 무엇일까요?

2. 사실 문제에 관한 친구의 주장 중, 내가 잘 모르는 내용을 찾아서 적어 봅시다.

3. 2.의 정리를 바탕으로 친구에게 질문하는 문장을 만들어 봅시다.

4. 가치 문제인 친구의 의견에 해당하는 부분은 어디이고 친구는 어떤 의견을 펼쳤는지 간단히 정리해 봅시다.

5. 친구의 의견에 관해 동의나 반대 의견을 대화체로 적어 봅시다. 논리적 근거를 가지고 말해야 한다는 점을 꼭 기억하세요.

저출생과 함께 우리나라가 처해 있는 또 다른 심각한 문제는 고령화 문제야. 전체 인구 중 노인의 비율이 증가하는 문제지. 고령화의 원인은 첫 번째, 의료 기술이 발달하면서 평균 수명이 높아져서야. 절대적인 숫자가 늘어나는 거지. 두 번째 원인은 저출생이야. 고령화는 노인 인구의 비율이 높아지는 거니까 저출생으로 젊은 사람들의 숫자가 줄어들면 상대적으로 노인 인구의 비율이 높아지게 되겠지. 2020년 기준으로 우리나라의 노령화지수는 자그마치 123.7%나 돼. 이 수치는 2060년에는 434.6%까지 올라갈 예정이라고 하니 정말 큰일이지?

이 문제를 해결하려면 출생률이 높아지는 것이 가장 이상적이겠지만 현실적으로 어렵다면 이민자를 많이 받아들이는 것도 대책이 될 수 있을 거야. 요즘 우리나라로 이민을 오고 싶어 하는 사람들이 많이 늘어났다고 하잖아? 그러니까 이민자들 최대한 많이 받아들인다면 고령화로 인한 노동력 부족 문제도 쉽게 해결될 수 있을 거야.

1. 위 글에서 잘 모르는 용어와 이해가 힘든 내용을 모두 찾아서 정리해 봅시다.

2. 1.에서 정리한 내용을 바탕으로 친구에게 질문하는 문장들을 만들어
   봅시다.

3. 고령화 대책에 관한 친구의 의견을 정리해 봅시다.

4. 친구의 의견에 대해 의문이 드는 부분을 질문해 봅시다.

5. 고령화의 원인과 대책에 대해 자신의 생각을 정리해서 주장해 봅시다.

• 다음의 문제들 중 하나를 골라 자신의 주장을 펼치는 글을 써 봅시다.

- 사형 제도는 폐지되어야 할까, 유지되어야 할까?
- 세금을 더 많이 걷어서 복지를 강화하는 것이 좋을까, 세금을 줄여서 각자에게 돌아가는 소득을 높이는 것이 좋을까?
- 대학교에 입학할 때 시험을 보지 않고 추첨을 통해 학교를 정하도록 하면 안 될까?
- 개인적인 신념에 따라 군대에 가지 않겠다고 하는 사람에 대해 양심적 병역 거부를 인정해야 할까, 처벌해야 할까?
- 광장에 텐트를 치고 살고 있는 노숙자에게 쉼터를 제공했으나 자신은 답답한 곳은 싫다며 쉼터로 가지 않으려고 한다면 어떻게 해야 할까?

▶ 나의 주장

▶ 친구가 할 것으로 예상되는 질문

▶ 질문에 대한 나의 대답

어때요, 큐큐 선생님과
차근차근 질문을 연습해 보니까 하나도 어렵지 않죠?
질문은 여러분에게 새로운 세상의 문을 열어 주는
마법의 열쇠가 될 거예요.
그 문을 열고 들어간 뒤
놀라운 지식과 깨달음의 열매를 마음껏 수확해 보세요.
공부하는 힘이 쑥쑥 자라날 거랍니다.
이 책을 책상머리에 꽂아 두고
생각날 때마다 큐큐 선생님과 함께 질문 연습해 보기,
우리 약속해요!

발견의 첫걸음 9

열려라 질문: 공부 힘을 키우는 질문의 기술

초판 1쇄 발행 • 2024년 10월 11일

지은이 • 곽한영
펴낸이 • 염종선
책임편집 • 구본슬
조판 • 박아경
펴낸곳 • (주)창비
등록 • 1986년 8월 5일 제85호
주소 • 10881 경기도 파주시 회동길 184
전화 • 031-955-3333
팩스 • 영업 031-955-3399 편집 031-955-3400
홈페이지 • www.changbi.com
전자우편 • ya@changbi.com

ⓒ 곽한영 2024
ISBN 978-89-364-5329-9 43300